socserv2@reglscurraly.com

Table of Contents

Table of Contents

Common Name: _____ Genus: _____

Species: _____ Variety: _____

Source: _____

Date acquired: _____

Date planted: _____

Description

Care

Location

Notes

Common Name: _____ Genus: _____

Species: _____ Variety: _____

Source: _____

Date acquired: _____

Date planted: _____

Care

Description

Location

Notes

Common Name: _____   Genus: _____

Species: _____   Variety: _____

Source: _____

Date acquired: _____

Date planted: _____

Description

Care

Location

Notes

Common Name: _____   Genus: _____

Species: _____   Variety: _____

Source: _____

Date acquired: _____

Date planted: _____

Description

Care

Location

Notes

Common Name: _____ Genus: _____

Species: _____ Variety: _____

Source: _____

Date acquired: _____

Date planted: _____

Description

Care

Location

Notes

Common Name: _____ Genus: _____

Species: _____ Variety: _____

Source: _____

Date acquired: _____

Date planted: _____

Description

Care

Location

Notes

Common Name: _____ Genus: _____

Species: _____ Variety: _____

Source: _____

Date acquired: _____

Date planted: _____

Description

Care

Location

Notes

Common Name: _____ Genus: _____

Species: _____ Variety: _____

Source: _____

Date acquired: _____

Date planted: _____

Description

Care

Location

Notes

Common Name: _____ Genus: _____

Species: _____ Variety: _____

Source: _____

Date acquired: _____

Date planted: _____

Description

Care

Location

Notes

Common Name: _____   Genus: _____

Species: _____   Variety: _____

Source: _____

Date acquired: _____

Date planted: _____

Description

Care

Location

Notes

Common Name: _____ Genus: _____

Species: _____ Variety: _____

Source: _____

Date acquired: _____

Date planted: _____

Care

Description

Location

Notes

Common Name: _____ Genus: _____

Species: _____ Variety: _____

Source: _____

Date acquired: _____

Date planted: _____

Description

Care

Location

Notes

Common Name: _____ Genus: _____

Species: _____ Variety: _____

Source: _____

Date acquired: _____

Date planted: _____

Description

Care

Location

Notes

Common Name: _____   Genus: _____

Species: _____   Variety: _____

Source: _____

Date acquired: _____

Date planted: _____

Description

Care

Location

Notes

Common Name: _____ Genus: _____

Species: _____ Variety: _____

Source: _____

Date acquired: _____

Date planted: _____

Description

Care

Location

Notes

Common Name: _____ Genus: _____

Species: _____ Variety: _____

Source: _____

Date acquired: _____

Date planted: _____

Description

Care

Location

Notes

Common Name: _____   Genus: _____

Species: _____   Variety: _____

Source: _____

Date acquired: _____

Date planted: _____

Description

Care

Location

Notes

Common Name: _____ Genus: _____

Species: _____ Variety: _____

Source: _____

Description

Date acquired: _____

Date planted: _____

Care

Location

Notes

Common Name: _____ Genus: _____

Species: _____ Variety: _____

Source: _____

Date acquired: _____

Date planted: _____

Care

Description

Location

Notes

Common Name: _____ Genus: _____

Species: _____ Variety: _____

Source: _____

Date acquired: _____

Date planted: _____

Care

Description

Location

Notes

Common Name: _____ Genus: _____

Species: _____ Variety: _____

Source: _____

Description

Date acquired: _____

Date planted: _____

Care

Location

Notes

Common Name: _____ Genus: _____

Species: _____ Variety: _____

Source: _____

Description

Date acquired: _____

Date planted: _____

Care

Location

Notes

Common Name: _____   Genus: _____

Species: _____   Variety: _____

Source: _____

Date acquired: _____

Date planted: _____

Description

Care

Location

Notes

Common Name: _____ Genus: _____

Species: _____ Variety: _____

Source: _____

Date acquired: _____

Date planted: _____

Description

Care

Location

Notes

Common Name: _____ Genus: _____

Species: _____ Variety: _____

Source: _____

Description

Date acquired: _____

Date planted: _____

Care

Location

Notes

89

Common Name: _____ Genus: _____

Species: _____ Variety: _____

Source: _____

Date acquired: _____

Date planted: _____

Description

Care

Location

Notes

Common Name: _____ Genus: _____

Species: _____ Variety: _____

Source: _____

Date acquired: _____

Date planted: _____

Care

Description

Location

Notes

Common Name: _____   Genus: _____

Species: _____   Variety: _____

Source: _____

Date acquired: _____

Date planted: _____

Description

Care

Location

Notes

Common Name: _____ Genus: _____

Species: _____ Variety: _____

Source: _____

Date acquired: _____

Date planted: _____

Description

Care

Location

Notes

Common Name: _____   Genus: _____

Species: _____   Variety: _____

Source: _____

Date acquired: _____

Date planted: _____

Description

Care

Location

Notes

Common Name: _____   Genus: _____

Species: _____   Variety: _____

Source: _____

Description

Date acquired: _____

Date planted: _____

Care

Location

Notes

115

Made in the USA
Columbia, SC
04 July 2020

13268076R00072